English

Français

The Neighbours

Les Voisins

1

First published in 2022
Written by Hannah Burkhardt
Illustrated By Yasmin Jung

Première publication en 2022
Écrit par Hannah Burkhardt
Illustré par Yasmin Jung

2

English
Français

Our neighbors, the racoon family, lived in a beautiful house located in downtown Toronto.

Nos voisins, la famille des ratons laveurs, vivaient dans une belle maison située au centre-ville de Toronto.

The rent was astronomical... for everyone else.

Le loyer était astronomique... pour tout le monde.

For the racoon family, the price was right. Beside some occasional banging on the roof, they loved their place.

Pour la famille ratons laveurs, le prix était juste. À part quelques coups occasionnels sur le toit, ils ont adoré leur place.

They were close to everything they loved about the big city!

Ils étaient proches de tout ce qu'ils aimaient à propos de la grande ville!

Our bird feeder, with its unlimited supply of seeds.

Notre mangeoire à oiseaux, avec sa provision illimitée de graines.

14

The best restaurants.

Les meilleurs restaurants.

PRETZELS

The park after a hot summer day of families picnicking.

Le parc après une chaude journée d'été de pique-niques en famille.

They would sleep during the day and come out at the most beautiful time...
dusk.

Ils dormaient pendant la journée et sortaient au plus beau moment...
au crépuscule.

While mummy raccoon searched for the tastiest of treats, the baby racoons liked to climb trees and play.

Alors que la maman raton laveur cherchait les friandises les plus savoureuses, les bébés ratons laveurs aimaient grimper aux arbres et jouer.

The babies would play fight all the time until one time...

Les bébés jouaient à la bataille tout le temps jusqu'à une fois...

Baby raccoon slipped and fell out of a tree! She was fine but was more careful from then on.

Un bébé raton laveur a glissé et est tombé d'un arbre! Elle n'a rien eu, mais elle est devenue plus prudente depuis.

Our neighborhood was peaceful. Although, one time, daddy racoon got into a disagreement with a neighbor's vehicle.

Notre quartier était paisible. Même si, une fois, papa raton laveur s'est disputé avec le véhicule d'un voisin.

Daddy racoon did not win.

Papa raton laveur n'a pas gagné.

CHIPS

Our neighbors enjoyed singing beautifully under the stars. They sang loudly. What a party!

Nos voisins se sont amusés à chanter magnifiquement sous les étoiles. Ils ont chanté fort. Quelle fête !

Occasionally, mamma raccoon had to remind some raccoons with the swift uppercut of her freshly sharpened fist that she was the boss of the party.

De temps en temps, Mamma raton laveur devait rappelerà certains ratons laveurs avec l' uppercut rapide de son poing fraîchement aiguisé, qu'elle était la patronne de la fête.

34

Our neighbours feasted and played all evening until the sky filled with bird songs and they knew the day was coming.

Ils s'étaient régalés et jouaient toute la soirée jusqu'à ce que le ciel se remplisse de chants d'oiseaux et ils savaient donc que le jour arrivait.

They would go home to their warm and cozy beds in the attic.

Ils rentraient chez eux dans leurs lits chauds et douillets dans le grenier.

Just as the sky was beginning to
get light and the first peak of
sun rose over the horizon,
our neighbors would fall asleep.

Juste au moment où le ciel
commençait à s'éclaircir et que le
premier pic de soleil se levait à
l'horizon, nos voisins s'endormaient.

About the Author
A propos de l'auteur

Hannah Burkhardt traveled the world before she studied English literature and drawing at Concordia University. Inspired by Chimamanda Ngozi Adichie, she wants each and every child to see themselves represented in literature. Hannah's dream is to make it easy to find books in any language. #obsessed

Hannah Burkhardt a voyagé dans le monde entier avant d'étudier la littérature anglaise et le dessin à l'Université Concordia. Inspirée par Chimamanda Ngozi Adichie, elle souhaite que chaque enfant se voie représenté dans la littérature. Le rêve d'Hannah est de faire en sorte qu'il soit facile de trouver des livres dans n'importe quelle langue.

About the Translator
À propos du traducteur

Said is a quality control engineer for medical devices. Born and educated in Morocco he is a natural polyglot; speaking Moroccan Arabic, Modern Standard Arabic, French and English. As an avid football fan, his specialty is the translation of the word "goal" into every language. He is Hannah Burkhardt's partner and their son's professional sidekick. #familybusiness

Said est ingénieur en contrôle de qualité pour les dispositifs médicaux. Né et éduqué au Maroc, il est un polyglotte naturel parlant l'arabe marocain, l'arabe standard moderne, le français et l'anglais. En tant que grand fan de football, sa spécialité est la traduction du mot "but" dans toutes les langues. Il est le partenaire de Hannah Burkhardt et l'acolyte professionnel de leur fils.

About the Illustrator
À propos de l'illustrateur

Yasmin Jung is currently a student at Rosedale Heights School of the Arts, studying Graphic Design and Illustration. She is influenced by artists like Leslie Hung and Patrick McHale, and is planning to pursue a career in animation.

Yasmin Jung est actuellement étudiante à la Rosedale Heights School of the Arts, où elle étudie le design graphique et l'illustration. Elle est influencée par des artistes comme Leslie Hung et Patrick McHale, et envisage de faire carrière dans l'animation.

Check Out Other Bilingual Books:

Consultez d'autres livres bilingues :

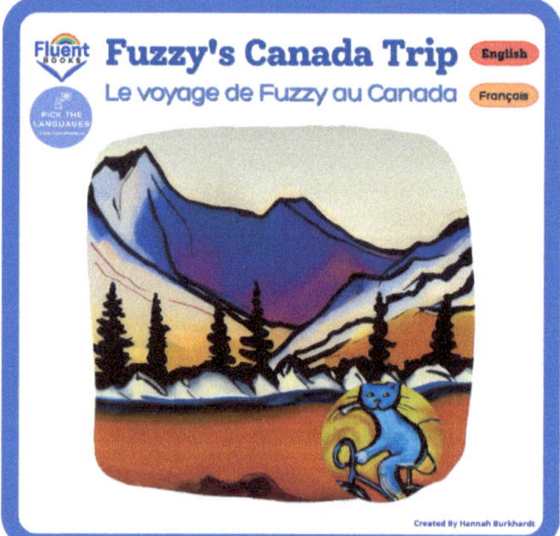

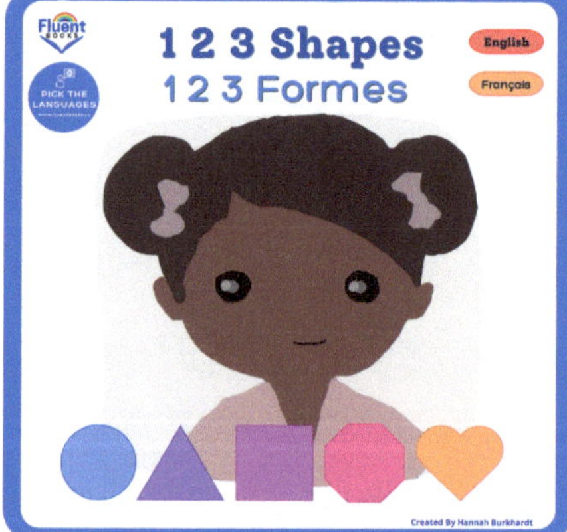

www.ingramcontent.com/pod-product-compliance
Lightning Source LLC
Chambersburg PA
CBHW042123030726
47599CB00002B/331